MW00963902

PARA: Alex

DE: Abril

Deseo que todas tus
metas las complas como hasta
ahora, sé que tal vez nos faltó
convivir más, pero aún así te
admiro y te quiero como un
hermano.

DIRECCIÓN DE ARTE: Trini Vergara
DISEÑO: Raquel Cané
OBRAS REPRODUCIDAS (GENTILEZA DE LA FUNDACIÓN PETTORUTI):
La grotta azzurra di Capri (págs. 6-7); *En la selva* (págs. 8, 31, 41); *Quietude au-dèla*
(págs. 9, 42); *Orgía III* (págs. 10, 12); *Invierno en París* (págs. 11, 43); *Midi en hiver*
(págs. 13, 33, 45); *Pensierosa* (págs. 14-15); *Luce elevazione* (tapa y págs. 16-17);
Casas de pueblo (págs. 18-19); *Mi florero I* (págs. 20-21); *Crepúsculo marino II*
(págs. 22-23); *Il parco* (págs. 24-25); *El lago II* (págs. 26-30); *Vallombrosa*
(págs. 32, 34-35); *Peras y manzanas* (págs. 36-37); *El hombre de la flor amarilla II*
(págs. 38-39); *Farfalla III* (pág. 40).

Las editoras han hecho los esfuerzos necesarios para identificar a los depositarios de los copyrights
del material incluido en este libro y piden disculpas por cualquier error u omisión involuntarios,
que serán rectificados en el caso de una reimpresión. Asimismo, agradecen a los editores, autores
y agentes literarios la autorización para publicar material con derechos.

© 2005 V&R Editoras
www.libroregalo.com

Argentina: Demaría 4412, Buenos Aires (C1425AEB)
Tel./Fax: (54-11) 4778-9444 y rotativas • e-mail: editoras@libroregalo.com

México: Av. Tamaulipas 145, Colonia Hipódromo Condesa
CP 06170 – Delegación Cuauhtémoc, México D. F.
Tel./Fax: (5255) 5220-6620/6621 • 01800-5543-4995
e-mail: editoras@vergarariba.com.mx

ISBN-10: 987-1192-26-6
ISBN-13: 978-987-1192-26-7

Impreso en China por Ava Books Production Pte. Ltd., Singapore
Printed in China

Para un hombre de éxito/compilado por: Lidia María Riba
1ª ed. - Buenos Aires: V&R, 2005 - 44 p.; 18 x 13 cm.

ISBN-10: 987-1192-26-6
ISBN-13: 978-987-1192-26-7

1. Libro de Frases.
I. Riba, Lidia María, comp.
II. Título
CDD 808.882

PARA UN HOMBRE DE ÉXITO

Edición de Lidia María Riba

Líderes y ganadores

En pocas palabras, un líder
es un hombre que sabe adónde quiere ir,
se pone de pie y va.

John Erskine

Preguntar: *"¿Quién debería ser el jefe?"*
es como preguntar: *"¿Quién debería ser el tenor*
en este cuarteto?" Obviamente,
el hombre que tenga voz de tenor.

HENRY FORD

No estamos interesados en la posibilidad de la derrota.

REINA VICTORIA DE INGLATERRA

Todos los hombres de acción
han sido y son también soñadores.

JAMES E. HUNEKER

El hombre que con certeza avanzará
es aquel demasiado grande para su lugar...

WALLACE D. WATTLES

La primera y la mejor de las victorias
es la conquista de uno mismo.

PLATÓN

La capacidad para aceptar
responsabilidades indica
la medida de un hombre.

Roy L. Smith

El liderazgo es la habilidad de lograr
que los hombres hagan
lo que no quieren hacer
y que, además, les guste.

Harry Truman

Un hombre inteligente fabricará
más oportunidades de las que encuentre.

Francis Bacon

Quienquiera que te dé un empleo
lo hace por un motivo egoísta:
debes ser para él más valioso
que el dinero que paga por ti.

DAVID SEABURY

Un buen gerente es aquel
que no se preocupa por su propia carrera
sino por la de quienes trabajan para él.

H.S.M. BURNS

11

En lugar de ser un hombre de éxito,
busca ser un hombre valioso:
lo demás llegará naturalmente.

ALBERT EINSTEIN

A menudo, un hombre debe su éxito
a su primera mujer; y su segunda mujer, a su éxito.

RED BUTTONS

No intento bailar mejor que nadie.
Sólo trato de bailar mejor que yo mismo.

MIKHAIL BARYSHNIKOV

Mientras juego, creo que nadie
es capaz de detenerme.

MICHAEL JORDAN

Convertirse en el número uno
es más fácil que continuar siéndolo.

BILL BRADLEY

Los caminos...

Algunos hombres observan el mundo
y se preguntan: *"¿por qué?"*. Otros hombres
observan el mundo y se preguntan:
"¿por qué no?".

GEORGE BERNARD SHAW

Todos reman hacia la orilla de los logros.
Pero, si tratas de alcanzar la meta suprema,
todas las metas menores serán alcanzadas.
El camino que intento recorrer es espiritual,
por eso sé que lograré todos mis objetivos menores.
Realizaré todas mis aspiraciones.

John McLoughlin

Toda mi vida he escuchado a la gente
decirme que no iba a poder lograrlo.

Ted Turner

Si estamos destinados a grandes cosas,
debemos enfrentar grandes peligros.

JOHN H. CARDINAL NEWMAN

O bien ni siquiera lo intentes,
o bien lánzate por completo a hacerlo.

OVIDIO

Siempre hay espacio para uno más en la cima.

DANIEL WEBSTER

Dales al viento y a la marea la oportunidad
de cambiar.

RICHARD E. BYRD

El pensamiento, la visión, el sueño...
siempre preceden a la acción.

ORISON SWETT MARDEN

Nunca es demasiado tarde para ser
lo que podrías haber sido.

GEORGE ELIOT

No hay educación como la que da la adversidad.

BENJAMIN DISRAELI

Las alturas alcanzadas y mantenidas
por grandes hombres no fueron logradas
con un vuelo repentino. Mientras otros dormían,
ellos escalaban con esfuerzo durante la noche.

HENRY WADSWORTH LONGFELLOW

Somos creadores y podemos fabricar
hoy el mundo en el que viviremos mañana.

ROBERT COLLIER

Cada desventaja tiene su ventaja equivalente,
si te tomas el trabajo de encontrarla.

W. CLEMENT STONE

No supongas jamás que la oportunidad
golpeará dos veces a tu puerta.

NICOLAS CHAMFORT

Hay una manera de hacerlo mejor: encuéntrala.

THOMAS A. EDISON

Para lograr grandes cosas,
debemos soñar además de actuar.

ANATOLE FRANCE

El éxito no se obtiene
por combustión espontánea.
Es preciso encender el fuego de uno mismo.

REGGIE LEACH

O bien hallaremos un camino, o bien lo abriremos.

ANÍBAL

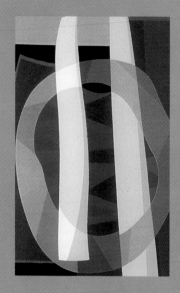

Si deseas alcanzar lo más alto,
comienza desde lo más bajo.

CIRO, EL GRANDE

No he fracasado: he descubierto
que mil doscientos materiales no sirven.

THOMAS A. EDISON

Es fácil tener fe en ti mismo y disciplina
cuando eres un ganador, un número uno.
Pero debes conservar la fe y mantener la disciplina
aun cuando no estés ganando.

VINCE LOMBARDI

Jamás te ha sido dado un deseo sin que se te haya
otorgado el poder de hacerlo realidad.

RICHARD BACH

Un montón de piedras dejan de ser simplemente
un montón de piedras, en el momento
en que un solo hombre las contempla dibujando
dentro de sí la imagen de una catedral.

ANTOINE DE SAINT-EXUPÉRY

Claves, ideas y secretos

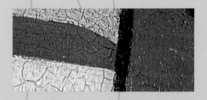

Ganar no lo es todo,
pero querer ganar sí lo es.

VINCE LOMBARDI

Hago lo mejor que sé, de la mejor manera
de que soy capaz y pretendo continuar
haciéndolo así hasta el final.

ABRAHAM LINCOLN

Uno de los secretos del éxito empresario
consiste no en hacer uno mismo el trabajo,
sino en reconocer al hombre apropiado
para hacerlo.

ANDREW CARNEGIE

Nunca he tenido la ambición
de hacer una fortuna. Hacer sólo dinero
jamás fue mi objetivo. Mi ambición
ha sido siempre construir.

JOHN D. ROCKEFELLER

Incluso el pájaro carpintero debe su éxito
al hecho de que usa su cabeza y, además,
continúa golpeando hasta que termina
el trabajo que comenzó.

COLEMAN COX

El triunfo es hijo de la audacia.

BENJAMIN DISRAELI

El éxito... parece estar relacionado
con la acción. Los hombres de éxito permanecen
siempre en movimiento. Cometen errores,
pero no se dan por vencidos.

CONRAD HILTON

Haz una sola cosa extremadamente bien.
Luego, haz la siguiente.

Peter N. Zarlenga

Si A es igual a éxito en la vida,
entonces A = X + Y + Z.
X es trabajo, Y es juego y Z
es mantener la boca cerrada.

Albert Einstein

Un hombre jamás es dueño de una idea
hasta que puede expresarla con claridad.

Lew Sarett

No puedo definir el poder. Todo lo que sé
es que existe y que se vuelve real sólo
cuando un hombre se halla en ese estado mental
en el cual sabe con exactitud qué quiere
y decide no renunciar hasta que lo encuentre.

ALEXANDER GRAHAM BELL

Ningún hombre puede hacerse rico
o lograr alguna clase de éxito duradero
en los negocios si es un conformista.

J. PAUL GETTY

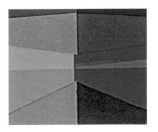

El secreto de un negocio
es que sepas algo que nadie más sabe.

ARISTÓTELES ONASSIS

Cómprate un lápiz de cinco centavos
y un cuaderno de diez centavos y comienza
a escribir ideas que valgan millones.

BOB GRINDE

Nunca permitas que la presión de competir
sea mayor que el placer de competir.

JIM RODGERS

Para ganar hay que tener
voluntad y deseo. Pero el deseo está primero.

SAM SNEAD

Para tocar música celestial
debes llevar tus ojos
hacia una estrella distante.

YEHUDI MENUHIN

Una y otra vez, cuando durante la lucha
parece no haber esperanza y se han perdido
todas las oportunidades, algunos hombres
–con un poco más de coraje y exigiéndose
un poco más de esfuerzo– alcanzan la victoria.

JAMES F. BELL

Creo firmemente que un hombre
sólo da lo mejor de sí cuando hace cosas
que disfruta de verdad.

JACK NICKLAUS

Una idea puede transformarse
en polvo o en magia dependiendo
del talento con que la frotes.

WILLIAM BERNBACH

El camino hacia el triunfo se vuelve solitario
porque la mayoría de los hombres
no están dispuestos a enfrentar y vencer
los obstáculos que se esconden en él.
La capacidad de dar ese último paso
cuando estás agotado es la cualidad que separa
a los ganadores de los demás corredores.

EDWARD LE BARON

El primer paso para llegar a cualquier lugar
es decidir que no vas a permanecer donde estás.

JOHN P. MORGAN

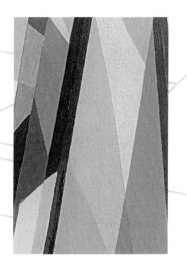

Cristaliza tus metas. Elabora un plan para alcanzarlas. Fíjate una fecha límite. Entonces, con suprema confianza, lleva adelante tu proyecto.

PAUL J. MEYER

Tu éxito depende muchas veces del éxito de las personas que te rodean.

BENJAMIN H. BRISTOL

Ayuda a tu gente a encontrar
más motivaciones para su trabajo
guiándola a la fuente
de su propio poder.

PAUL G. THOMAS

Uno de los problemas del éxito
reside en que la idea que uno tiene
de lo que significa, empequeñece
sin remedio en el instante de alcanzarlo.

TOM STOPPARD

Cuando llegas a comprender cabalmente
la raíz del significado de la palabra "éxito",
descubres que quiere decir "sigue adelante".

FRANCIS NICHOL

El éxito no se trata tanto
de la conquista misma como del conquistar.
Rehúsate a formar parte de la cautelosa
multitud de los que juegan
para no perder. Juega para ganar.

DAVID J. MAHONEY

La gloria consiste en el placer mismo
del ascenso.

ELBERT HUBBARD

El éxito interior

La medida del éxito ha sido siempre fácil de tomar. Es la distancia entre el propio comienzo y el objetivo final alcanzado.

MICHAEL KORDA

La idea de que el triunfo corrompe
a las personas haciéndolas vanidosas,
egoístas y autocomplacientes es errónea:
al contrario, las convierte, casi siempre,
en humildes, tolerantes y amables.
El fracaso hace a la gente amarga y cruel.

WILLIAM SOMERSET MAUGHAM

Un hombre ha triunfado si entre la hora
que se despierta y el momento de acostarse
por la noche ha hecho lo que quiere.

BOB DYLAN

La mejor parte de nuestra vida
es la parte creativa. Créanme, amo el éxito...
Sin embargo, la verdadera exaltación
espiritual y emocional está en el hacer.

GARSON KANIN

Cada ganador lleva sus cicatrices.

HERBERT N. CASSON

Nuestra mayor gloria no se basa en no haber
fracasado nunca, sino en habernos levantado cada vez
que caímos.

CONFUCIO

Si un hombre ama su trabajo
más allá de cualquier cuestión de triunfo o de fama,
es un elegido de los dioses.

ROBERT L. STEVENSON

Si hemos hecho lo mejor
que pudimos hacer, ya hemos triunfado.

WYNN DAVIS

Cuando llegues a la cima...

Tómate un tiempo para disfrutar:
    el camino ha sido largo y difícil.
Tómate un tiempo para ayudar a otros:
    mucho se te ha concedido.
Tómate un tiempo para compartir tu triunfo:
    quienes te aman también subieron a tu lado.
Tómate un tiempo para mirar de dónde partiste:
    te juzgarás con menos severidad.
Tómate un tiempo para descansar un poco:
    hay una nueva cumbre por conquistar.

L. M. R.

OTROS LIBROS PARA REGALAR

NUNCA
TE RINDAS

TODO
ES POSIBLE

DISFRUTA
TUS LOGROS

UN REGALO
PARA MI MADRE

PARA EL HOMBRE
DE MI VIDA

UN REGALO
PARA MI PADRE

¡TU OPINIÓN ES IMPORTANTE!

Escríbenos un e-mail a **miopinion@libroregalo.com**
con el título de este libro en el "Asunto".